Christine Michaud

Das kleine Übungsheft

Positives anziehen

Aus dem Französischen von
Claudia Seele-Nyima

Illustrationen von Jean Augagneur

TRINITY

Christine Michaud stammt aus Quebec und ist gelernte Juristin. Die Bestsellerautorin moderiert heute erfolgreich mehrere Sendungen im kanadischen Fernsehen, die sich mit dem Schwerpunkt »Glück finden und annehmen« beschäftigen. Eine wöchentliche Kolumne ergänzt ihre Aktivitäten rund um das Thema.

Die Originalausgabe ist erstmals 2012
bei Éditions Jouvence erschienen.
Titel der französischen Originalausgabe:
Petit cahier d'exercices
pour attirer à soi bonheur et réussite
© Éditions Jouvence, S.A.,
Chemin du Guillon 20, Case 184, CH-1233 Bernex.
www.editions-jouvence.com
info@editions-jouvence.com

2. Auflage 2015

© der deutschen Ausgabe: 2014 Trinity Verlag in der
Scorpio Verlag GmbH & Co. KG, München
Umschlaggestaltung: Guter Punkt, München
Satz: Veronika Preisler, München
Druck und Bindung: Pustet, Regensburg
ISBN 978-3-95550-094-8
Alle Rechte vorbehalten.

www.die-kleinen-uebungshefte.de

Kennen Sie das Rezept für Glück und Erfolg?

Vielleicht haben Sie von beidem schon einmal gekostet? Dann haben Sie ja bereits einige Anhaltspunkte, was die Zutaten des Rezepts betrifft ...

Nur bedingt, werden Sie sagen! Denn jeder, der schon einmal gekocht hat, weiß, dass dasselbe Rezept nicht immer den gleichen Geschmack ergibt – alles hängt davon ab, wer das Gericht zubereitet.

Angenommen, Sie sind verrückt nach Schokoladenkuchen. Sie haben wahrscheinlich schon häufig welchen probiert, doch es ist sehr gut möglich, dass die Rezepte jeweils unterschiedlich waren. Alle führten zwar zu göttlichem Schokoladenkuchen, aber manchmal mit geringen (oder größeren) Abweichungen der Zutaten, der Mengen und der Zubereitungsart.

Und so ist es auch im Leben!

Genau das ist es wahrscheinlich, was das Leben so interessant und faszinierend macht. Viele Wege führen nach Rom (oder woandershin!) und dementsprechend werden eine ganze Reihe von Tipps und Tricks Glück und Erfolg auf Sie ziehen. Wichtig ist, dass Sie sie erst einmal entdecken, um sie anschließend auszuprobieren, und so Ihr eigenes Rezept zu erfinden.

IHRE GLÜCKSKÜCHE
ZUTATEN

Hinweis: Ihr Rezept für Glück und Erfolg könnte sich mit der Zeit verändern, ebenso wie Sie. Das, was heute am wirksamsten ist, erweist sich vielleicht in ein paar Jahren als nicht mehr angemessen ... Darum darf man sich nie auf seinen Lorbeeren ausruhen, sondern sollte stets nach Neuem Ausschau halten! So ist es auch viel anregender!

Quiz

Um einen Weg zu verfolgen und ein Ziel anzusteuern, müssen wir unseren Startpunkt kennen. Bevor Sie sich darauf stürzen, Tricks und Kniffe zu erlernen, die Ihnen Glück und Erfolg bringen können, messen Sie Ihren Anziehungskoeffizienten.

Ziehen Sie an oder stoßen Sie ab?[1]

Kreisen Sie die erste Antwort ein, die Ihnen bei den folgenden Situationen in den Sinn kommt (ohne sich dabei zu bewerten!):

1. Ein Freund ruft Sie an und erzählt Ihnen, er habe im Lotto gewonnen.

   a. Sie denken: »Mir passiert so was nie!«

   b. Sie sind neidisch und denken an all das, was Sie hätten tun können, wenn Sie an seiner Stelle wären.

   c. Sie sind fast so kribbelig wie er, so sehr freuen Sie sich für ihn.

5

---

1 Der Einfachheit halber verwenden wir im Folgenden meistens die männliche Form.

2. Schon seit geraumer Zeit Single, erfahren Sie, dass Ihr(e) Freund(in) (der/die ebenfalls alleinstehend war), das perfekteste und unglaublichste Wesen der ganzen Welt kennengelernt hat.
   a. Sie sind traurig bei dem Gedanken, selbst immer so allein zu bleiben …
   b. Schockiert fragen Sie sich, was er/sie nur Besseres an sich haben mag als Sie selbst, um so die ideale Liebe anziehen zu können.
   c. Sie freuen sich, weil Ihnen klar wird, dass schöne Begegnungen noch möglich sind.

3. Ihr Arbeitskollege kommt mit stolzem, zufriedenem Gesichtsausdruck aus dem Büro des Chefs und teilt Ihnen mit, dass er gerade DIE Beförderung erhalten hat, auf die Sie ebenfalls gehofft hatten.
   a. Sie sind kaum in der Lage, seinen Bericht über die Details dieser guten Nachricht anzuhören, weil Sie sich mögliche Gründe dafür ausmalen, warum Sie selbst nicht ausgewählt wurden.
   b. Sie denken, dass der Chef wirklich ein Idiot ist, weil er sich für diesen Kollegen entschieden hat.
   c. Sie sind begeistert wegen des Erfolgs Ihres Kollegen und sagen sich, dass beim nächsten Mal vielleicht Sie selbst an der Reihe sein werden.

4. Sie gehen in Ihrem Viertel spazieren und merken, dass einer Ihrer Nachbarn gerade einen brandneuen Porsche gekauft hat.
   a. Sie denken, so etwas passiert immer nur anderen …
   b. Sie verdächtigen Ihren Nachbarn, dass er mit Drogen oder anderen illegalen Dingen handelt.
   c. Sie nehmen sich die Zeit, stehen zu bleiben, um dieses fantastische Auto zu bewundern, und sagen sich, es wäre schön, eines Tages mal einen solchen Wagen zu fahren.

Egal, wie Ihr Ergebnis ist: Es besteht Hoffnung! Man kann sich zum Besseren ändern!

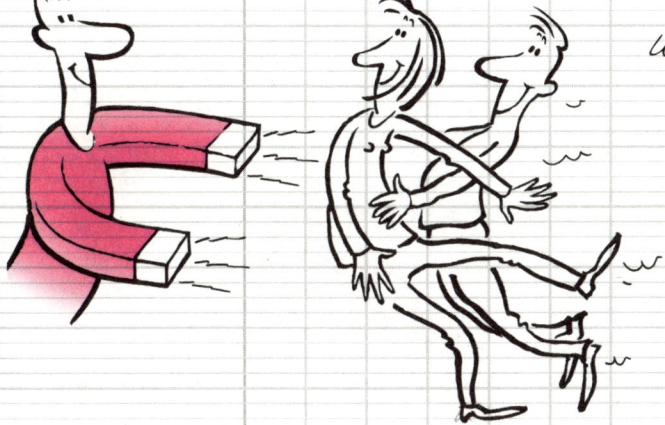

Und wenn Sie bereits einen starken Anziehungskoeffizienten haben, können Sie ihn noch mehr ent-wickeln und vor allem lernen, Ihre Wünsche leichter und schneller zu konkretisieren.

Ergebnisse

<u>Wenn Sie mehrheitlich a eingekreist haben</u>
Sie brauchen positive Verstärkung. Tun Sie vor allem das Nötige, um Ihr Selbstvertrauen und Ihren Optimismus zu ent-wickeln. Bei allem ist viel mehr möglich, als man meint ...

<u>Wenn Sie mehrheitlich b eingekreist haben</u>
So viel steht fest: Sie sind schnell bei einem Urteil mit der Hand! Aber seien Sie beruhigt, das ist heilbar. Wahrscheinlich sind Sie schon seit Langem darauf programmiert, so zu den-ken. Alles wandelt sich ... Es liegt nur bei Ihnen, es sich bewusst zu machen und mehr Liebe und Licht in Ihr Leben zu bringen.

<u>Wenn Sie mehrheitlich c eingekreist haben</u>
BRAVO! Sie sind ganz sicher ein Magnet, der das Schöne und Gute leicht auf sich zieht. Die positiven Ergebnisse dürften sich in Ihrem Leben schon bemerkbar machen. Weiter so, Sie sind ein Vorbild!

Was will ich?

Das ist die große Frage (natürlich nach »Wer bin ich?«)!

»Haben wir erst einmal die richtige Richtung eingeschlagen, brauchen wir nur noch weiterzugehen.«

Joseph Goldstein

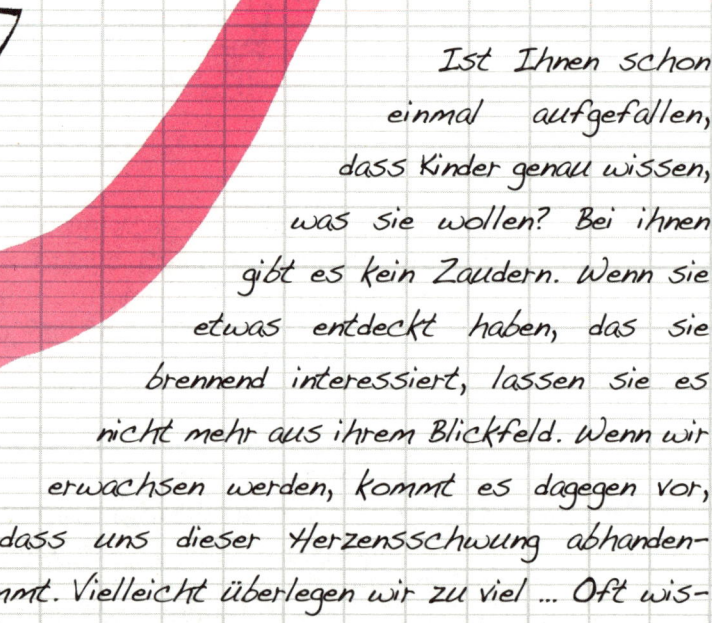

Ist Ihnen schon einmal aufgefallen, dass Kinder genau wissen, was sie wollen? Bei ihnen gibt es kein Zaudern. Wenn sie etwas entdeckt haben, das sie brennend interessiert, lassen sie es nicht mehr aus ihrem Blickfeld. Wenn wir erwachsen werden, kommt es dagegen vor, dass uns dieser Herzensschwung abhandenkommt. Vielleicht überlegen wir zu viel ... Oft wissen wir eher, was wir nicht mehr wollen, doch zwischen diesem Wissen und der Fähigkeit, auf Anhieb zu sagen, was wir uns wünschen, klafft mitunter ein entmutigender Abgrund ... Hier ein kleiner Trick, um Abhilfe zu schaffen.

Übung nur für Erwachsene

Nehmen Sie sich die Zeit, alles zu bestimmen, was Ihr
derzeitiges Leben erschwert. Was läuft nicht so, wie
Sie es gerne hätten? In welchem Lebensbereich haben
Sie den Eindruck, dass Ihre Batterien leer sind? Um das
herauszufinden, malen Sie unten die Abbildungen bunt aus,
die verbesserungswürdige Lebensbereiche repräsentieren.
Tragen Sie, falls nötig, Ergänzungen in das leere Feld
unter »Sonstige« ein.

Das Böse hinauswerfen

Bevor Sie sich an das Positive heranwagen und klar und deutlich »bestellen«, was Sie auf sich ziehen wollen, um mehr Glück und Erfolg zu haben, ist es manchmal hilfreich, dass Sie erst das Negative hinauswerfen, das sich im Übermaß angesammelt hat.

Denken Sie an alles, was in Ihrem Leben schon zu lange andauert, stresserfüllte Situationen, die Sie nicht mehr erleben wollen, oder alles, was nicht mehr nötig oder angenehm ist.

Beispielsweise wollen Sie sich vielleicht nicht mehr die Butter vom Brot nehmen lassen, indem Sie für andere einfach alles tun. Oder Sie wollen keine finanziellen Sorgen mehr haben. Die Liste kann manchmal länger werden als geahnt ...

Achtung: Dies ist die einzige Übung in diesem kleinen Übungsheft, in der Sie sich beklagen dürfen. Also nutzen Sie die Gelegenheit und schütten Sie Ihr Herz aus.

Und nun Sie! Erstellen Sie Ihre Liste.
Ich will nicht mehr ...

–

....

–

....

–

....

Wissen Sie, was eine **Litotes** ist? Hier die Definition des *Duden*: eine Redefigur, die durch doppelte Verneinung oder durch Verneinung des Gegenteils eine vorsichtige Behauptung ausdrückt und die dadurch eine (oft ironisierende) Hervorhebung des Gesagten bewirkt (z. B. nicht der schlechteste [= ein guter] Lehrer; nicht unwahrscheinlich = ziemlich wahrscheinlich; er ist nicht ohne Talent = er hat Talent).

Geben wir es zu: Wir neigen tatsächlich oft dazu, uns so auszudrücken ... Andere wiederum fragen beispielsweise in einem Geschäft: »Sie hätten **nicht** zufällig ... da?« Aber was ist das nur für eine Manie? Warum fällt es so schwer, die Dinge positiv auszudrücken?

Es ist kaum überraschend, dass wir auf diese Weise an einen Punkt gelangen, an dem wir das Gegenteil von dem anziehen, was wir uns wünschen. Nur zu oft programmieren wir uns so. Glücklicherweise ist uns jedoch eine wirkungsvolle Fähigkeit gegeben, nämlich die, die Dinge zum Besseren zu ändern. Zuallererst könnten wir mehr darauf achten, wie wir uns ausdrücken, und wirklich bewusst wahrnehmen, welche Worte wir verwenden.

11

Sagen Sie beispielsweise für gewöhnlich: »Immer gerate ich im Supermarkt in die langsamste Schlange«, dann werden Sie genau das auch weiterhin anziehen. Indem Sie es gesagt haben, haben Sie sich entsprechend programmiert. Hören Sie damit auf! Sie brauchen noch nicht einmal mit gegenteiligen Affirmationen zu beginnen, sondern es genügt, wenn Sie einfach loslassen. Stellen Sie sich ganz einfach in die Warteschlange – ohne jegliche Erwartung. Wenn sie meinen, es ginge langsamer voran als in den anderen Schlangen, machen Sie kein Drama daraus. Ziehen Sie keine (vor-)eiligen Schlüsse, indem Sie sich sagen, es sei »immer so«. Nutzen Sie die Gelegenheit, um darüber nachzudenken, was Ihnen guttut und was in Ihrem Leben positiv ist. Dann werden Sie genau das allmählich anziehen!

Das ist Gesetz!

Kennen Sie das Gesetz der Anziehung – auch Resonanzgesetz genannt? Ebenso wirksam wie das Gesetz der Schwerkraft, besagt es:

GLEICH UND GLEICH GESELLT SICH GERN

Nur zu, malen Sie dieses Gesetz bunt aus!

Ihre Gedanken stimulieren Ihre Gefühle, die wiederum das anziehen, was auf derselben Ebene schwingt. Es ist gewissermaßen eine Frage der Frequenz. Sie ziehen das in Ihrem Leben an, worauf Sie Ihre Aufmerksamkeit richten. Maßgebend sind bei all dem jedoch Ihre Gefühle. Sie dienen Ihnen als Barometer, wie wir später noch sehen werden. Und bei diesem Anziehungsprozess spielen mehrere Vorstellungen mit hinein, die auf den folgenden Seiten erklärt werden.

13

Dennoch sollten wir nicht vergessen: Ein Gedanke kann leicht ein Gefühl in uns hervorrufen, das, je nachdem, ob es eine positive oder negative Konnotation hat, Dinge auf uns zieht, die mit ihm in Einklang sind. Wenn Sie also von Urlaub am Strand träumen und es Ihnen dabei gelingt, die Wärme auf Ihrem Körper zu spüren (oder die salzige Luft zu schmecken, das Rauschen der Wellen zu hören etc.), dann haben Sie ein eher positives Gefühl, das Ihren Prozess der Anziehung in Gang zu bringen vermag. Sie könnten zufällig auf ein Sonderangebot stoßen oder auch von einem Freund eingeladen werden!

Wenn Sie sich umgekehrt ständig Sorgen machen, dass Ihnen ein Unglück zustoßen könnte, Angst haben oder inneres Unbehagen empfinden, dann laufen Sie Gefahr, dass Ihre schlimmsten Szenarien Wirklichkeit werden.

Sie sind der Schöpfer Ihres Lebens!

Achten Sie einmal darauf: Menschen, die häufig von ihren Problemen sprechen, haben häufig ... Probleme. Wer sich beklagt, zieht tendenziell Unannehmlichkeiten auf sich. Umgekehrt ziehen fröhliche Menschen, die zu genießen wissen, gute Gefühle haben und die Zukunft positiv sehen, tendenziell positive Dinge im Leben an. Das sagt uns schon der gesunde Menschenverstand!

Menschen, die als Glückspilze gelten, sind häufig auch sehr optimistisch. Sie kultivieren positive Gedanken, die es ihnen ermöglichen, sich wohlzufühlen, was sie wiederum dazu bringt, so zu handeln, dass sie hinterher die Ernte einfahren können. Diesen Menschen fällt es leicht, Gelegenheiten wahrzunehmen, und sie leben eher auf der Ebene der Inspiration als auf der kontrollierenden oder der Opferebene.

Worauf richten Sie Ihre Aufmerksamkeit?

Im Prozess der Anziehung kommt es am meisten darauf an, dass uns stets bewusst ist, welche Botschaft wir aussenden.

Da es bei allem um Schwingung geht, müssen wir uns vergewissern, dass wir unsere »Bestellungen« in der richtigen Weise aufgeben.

Sehen Sie das Leben, das Universum, das Ihnen antwortet, so an, als sei es ein fünfjähriges Kind. Die Anweisung muss einfach, klar und präzise sein. Wenn Sie einen Wunsch aussenden, fragen Sie sich: »Kann er noch klarer ausgedrückt werden?« Falls ja, vereinfachen Sie ihn. Kommen Sie direkt zur Sache. Nehmen Sie sich an, stehen Sie zu sich und Ihren Wünschen!

15

Beispiele:

Kreisen Sie in den folgenden Sätzen das zentrale Element ein:

Ich will keine finanziellen Probleme mehr haben.

Ich würde gerne am Meer wohnen.

Sie werden das anziehen, worauf Ihre Aufmerksamkeit gerichtet ist. Schaffen Sie die »nicht mehr« ab und gewöhnen Sie sich an, positiv zu denken, zu sprechen und zu leben.

Ein Vergleich

Angenommen, Sie wollen sich über die Musikrichtung Punk informieren. Vielleicht benutzen Sie dazu eine Suchmaschine im Internet. Sie wissen, dass Sie Informationen über Punk suchen, aber auch, dass Sie Discomusik hassen. Also beschließen Sie möglicherweise, »keine Discomusik« einzugeben.

16

**HÖR MAL GUT ZU!
IN ZUKUNFT WILL ICH
INFOS ÜBER PUNK!**

Was meinen Sie, welche Treffer
würde Ihnen die Suchmaschine
anbieten?
Eine Menge Texte und Informationen
über Discomusik!

Das Internetprogramm beachtet die
Verneinung nicht. Es sucht vielmehr
nach Entsprechungen.

Und genauso verhält es sich mit
Ihren Forderungen an das Leben!

Wenn nicht das, was dann?

Nehmen Sie sich die Liste der Dinge, die Sie in Ihrem Leben
nicht mehr haben wollen, noch einmal vor und fragen Sie sich
bei jedem Eintrag: »Aber was will ich stattdessen?«
Wenn Sie zum Beispiel aufgeschrieben haben, Sie wollten
keinen Stress wegen Geldmangel mehr haben, dann könnten Sie
um Fülle bitten.
Wenn Sie Ihre Arbeit nicht mögen, bitten Sie darum,
Ihre Lebensaufgabe zu finden oder eine Stelle zu finden,
die Ihrem Leben einen Sinn verleiht.

17

Und jetzt sind Sie dran:

-
....

-
....

-
....

Ich bin auf den Geschmack gekommen, also spinne ich das Ganze noch weiter

Jetzt, da Sie zum Positiven übergegangen sind, warum nicht die Gelegenheit wahrnehmen und noch einen Schritt weiter gehen?

Schreiben Sie hier all Ihre Träume auf, die kleinen und die großen, wichtige und unwichtige und selbst solche, die Ihnen völlig verrückt vorkommen!

Zur Anregung der Vorstellungskraft

Überlegen Sie, was Sie alles machen könnten, wenn Sie zehn Millionen Euro auf Ihrem Bankkonto hätten. Oder fragen Sie sich, was Sie vor Ihrem Tod noch gerne wären, täten und hätten.

Bevor Sie diese Übung machen

Sorgen Sie dafür, dass Sie allein an einem Ort sind, der sich günstig auf Ihre Fantasie auswirkt. Machen Sie es sich gemütlich, lassen Sie sanfte, inspirierende Musik spielen und schreiben Sie dann - ohne zu bewerten, nur zum Vergnügen - alles auf.

<u>Sehr wichtiger Rat</u>

Schreiben Sie alles auf, was Ihnen einfällt, selbst wenn es Ihnen belanglos oder dumm vorkommt.
Hinter dem, was dem Anschein nach nur Banalitäten sind, finden sich wahrscheinlich wichtigere Träume. Und Erstere zu blockieren verhindert, dass Sie Zugang zu Letzteren finden …
Ich schreibe eine Liste meiner Träume

Prioritäten finden

Nehmen Sie sich ein paar Minuten Zeit und lesen Sie die Liste Ihrer Träume noch einmal durch. Lesen Sie sie mit dem Ziel, maximalen Nutzen aus diesem kleinen Übungsheft zu ziehen. Spüren Sie im Herzen, welche Träume intensiver oder wichtiger sind als andere.

Effektive Technik für das Aufschreiben Ihrer Träume

Denken Sie daran, Ihre Träume immer im Präsens und mit positiven Worten aufzuschreiben. So werden Sie schöne positive Affirmationen erfinden. Diese erzielen wunderbare Ergebnisse, denn sie programmieren unser Gehirn. Je öfter Sie die Affirmationen wiederholen (laut oder für sich), umso besser wirken sie.

Wollen Sie beispielsweise mehr Wohlstand in Ihr Leben ziehen, dann könnten Sie schreiben:

Geld gelangt frei, leicht und schnell zu mir.

oder

Fülle in all ihren Formen kommt zu mir,
und ich bin sehr dankbar dafür.

Für eine neue Arbeit:

Meine Arbeit ist erfüllend und macht mich glücklich.
Durch sie kann ich mich voll verwirklichen,
sie gibt meinem Leben einen Sinn.

Um Liebe zu finden:

**Ich habe eine in jeder Hinsicht harmonische
und erfüllende Liebesbeziehung.
Ich liebe und fühle mich geliebt.**

Für eine bessere Gesundheit:

Ich bin voller Energie und überbordender Lebenskraft.

Weitere Beispiele positiver Affirmationen.
Kreuzen Sie diejenigen an, die Sie inspirieren.

☐ Ich lebe in Liebe, Glück, Frieden und Fülle.

☐ Ich ziehe Erfolg und Fülle in meinem Leben an.

☐ Ich empfinde tiefen inneren Frieden.

☐ Alles gelingt mir.

☐ Ich habe Vertrauen in mich und in das Leben.

☐ Wunderbare Dinge geschehen mir.

☐ Ich strahle, ich bin wie ein Magnet, der die richtigen
Menschen, Glück, Erfolg und Fülle anzieht.

☐ Ich fühle mich wohl in meiner Haut.

☐ Ich habe stets alles, was ich zum Glücklichsein
brauche.

☐ Alles, was gut ist, kommt leicht zu mir, ohne dass
ich mich bemühen muss.

☐ Jeden Tag habe ich gute Ideen und kreative
Eingebungen.

21

Wählen Sie aus allen Träumen, die Sie aufgeschrieben haben, drei aus, die derzeit für Ihr Leben am wichtigsten sind oder Vorrang haben, und schreiben Sie sie hier auf:

Und noch eine Kleinigkeit
Schreiben Sie Ihre drei wichtigsten Träume noch einmal auf eine kleine Karte, die Sie in Ihr Portemonnaie stecken. Das wird Ihnen helfen, sich zu erinnern …

....
....
....
....

Ein bisschen Magie

Wie lange ist es her, dass Sie einem Zauberer zugesehen haben? Wahrscheinlich waren Sie fasziniert von seinen Tricks, einer unglaublicher als der andere. Möglicherweise haben Sie sogar einen Versuch gewagt, dem vorgeführten Trick auf den Grund zu gehen. Wären Sie gerne hinter die Geheimnisse des Zauberers gekommen, um hinterher Ihr Umfeld damit zu beeindrucken? - Möglich.

Mag sein, dass Sie gerne hinter seine Geheimnisse gekommen wären, aber ebenso gut könnten Sie es ihm gleichtun: Sie brauchen nur einen Zauberkurs zu belegen und zu üben, mit dem Ziel, Zaubertricks zu beherrschen; dann werden Sie ein vollendeter Magier!

Verstehen Sie so langsam, wohin uns all das führt?

Das Leben wird Ihnen möglicherweise magisch erscheinen, wenn Sie den Traumjob oder die ideale Liebe an sich ziehen. Manchmal werden Sie sogar überrascht und verblüfft sein, wenn Sie feststellen, wie gut es das Leben in Ihrer derzeitigen Lebensphase mit Ihnen meint und dass Sie vollkommen glücklich sind. Andernfalls beneiden Sie vielleicht den Nachbarn, dessen Traumauto soeben Realität geworden ist, oder jenen Kollegen, dem gerade eine tolle Beförderung angeboten wurde.

Und wenn all das nur davon abhinge, dass man einige erlernte Tricks anwendet? Wie der Zauberer!

Ja, so ist es wirklich: Alle Magie hat zwar eine Erklärung, doch sie ist deswegen nicht weniger beeindruckend und vor allem unterhaltsam, wenn sie vor unseren Augen ausgeführt wird.

Eine Bestellung

Um das, was Sie sich wünschen, auf sich zu ziehen, ist der erste entscheidende Schritt, es zu »bestellen« bzw. »in Auftrag zu geben«. Ganz einfach.

Bevor Sie einkaufen gehen, schreiben Sie sich wahrscheinlich eine Liste der notwendigen Dinge, damit Sie nichts vergessen. Im Restaurant studieren Sie die Speisekarte und wählen aus, was Sie essen wollen, um es anschließend beim Kellner zu bestellen. Wenn Sie in Urlaub fahren, entscheiden Sie sich für ein Ziel und reservieren Zimmer.

Genauso ist es mit allem, was Sie im Leben anziehen wollen.

Zuerst müssen Sie
»WÄHLEN, dann BESTELLEN«.

Nehmen Sie sich einen Augenblick Zeit, um diesen Grundsatz zu zeichnen:

Lover gesucht

Nehmen wir das Beispiel einer Frau, die die Liebe in ihr Leben ziehen möchte. Sie hegt den Wunsch, einen Geliebten zu finden, der das Leben mit ihr teilt. Um ihre Bestellung aufzugeben, könnte sie schriftlich festhalten, was genau sie sucht. Sie müsste herausfinden, was sie an einem Mann mag …
Beispiel eines Traummannes:

- zwischen 45 und 55 Jahre alt
- groß und kräftig
- dunkle Haare
- charismatisch
- aktiv
- kontaktfreudig
- intelligent und lebenstüchtig
- ausgeglichen

- humorvoll
- ehrlich und treu
- spirituell
- Golfspieler
- finanziell unabhängig
- romantisch
- ein Genussmensch
- Musik- und tanzbegeistert

Um ihre Beschreibung zu vervollständigen, könnte sie auch Bilder ihres Männertyps finden. Visualisierungstechniken dieser Art werden im Weiteren noch vorgestellt.

Je besser es Ihnen gelingt, ein klares Bild Ihres Wunsches zu haben und so zu empfinden, als sei er bereits verwirklicht, umso wirksamer und schneller vollzieht sich der Prozess der Anziehung.

Wenn eine Voraussetzung für das Verwirklichen Ihrer Wünsche wesentlich ist, dann die, dass Sie sich auf Ihrem Weg nicht unter Stress setzen, sondern vielmehr lernen, wie Sie ...

Wählen, bestellen und dann loslassen!

Ihr Vorgehen muss einfach und unterhaltsam sein, wie ein Zaubertrick!

Denken Sie daran, wie Sie sich fühlen, wenn Sie eine Reise oder eine andere interessante Aktivität geplant haben und sich darauf vorbereiten. Sie wissen, dass sie eintreten wird, und wenn Sie daran denken, dann in einem losgelösten, zuversichtlichen und glücklichen Zustand. Sie sagen sich: »Es wird lustig, wenn ...«, und Sie empfinden sogar zusätzliche Freude allein bei dem Gedanken, dass Sie auf dem Weg nach ... sind. Für alles, was Sie im Leben erlangen oder verwirklichen wollen, sollten Sie genau diesen Geisteszustand übernehmen.

27

Eine reine Absicht

Wir sollten wissen, was wir wollen, aber auch, warum wir es wollen.

Zum Beispiel:

- Warum wünschen Sie sich Wohlstand?
- Warum wollen Sie eine neue Arbeit?
- Warum wünschen Sie sich einen Lover?

Eine reine Absicht, die von Herzen kommt, hat mehr Kraft als ein wohlüberlegter Wunsch. Sie müssen Ihr Leben zum Besseren verändern wollen, weil es Ihnen Ihre Seele so diktiert. Wenn Sie einen Traum für jemand anderen verwirklichen wollen, um etwas zu beweisen oder auch um einen Mangel auszugleichen, dann werden Sie den Weg viel länger und mühseliger finden.

Wenn wir es als Gesamtbild auf längere Sicht hin betrachten, dann wollen wir letztlich bestimmte Wünsche realisieren, um unserem Leben einen Sinn zu verleihen.

Machen Sie die folgende Übung, um besser einschätzen zu können, was für Sie wirklich zählt und Ihrem Leben Sinn gibt.

In einen Kontext stellen

Heute ist Ihr Geburtstag – Sie werden 80 Jahre alt!
Mehrere Personen aus Ihrem Umfeld sind zusammengekommen,
um den Anlass zu feiern. Vier von ihnen haben eine kleine
Rede vorbereitet, die sie Ihnen zu Ehren im Laufe des
Abends halten wollen. Wenn es nach Ihren Wünschen ginge,
was sollten diese Redner über Sie sagen?
(Es geht hier nicht darum, aufzuschreiben, was sie Ihrer
Vermutung nach sagen werden, sondern wirklich darum,
welche Äußerungen Sie sich von ihnen wünschen.)

- Ihr(e) Lebensgefährte/Lebensgefährtin

- Ihr Sohn/Ihre Tochter

- Ihr(e) beste(r) Freund(in)

- Ein Arbeitskollege

Sie brauchen nicht unbedingt für alle vier
vorgeschlagenen Personen zu antworten und dürfen
sie sogar verändern oder auch
weitere Personen hinzufügen.
Dennoch: Selbst wenn Sie
derzeit keinen Partner
haben, leiten Sie
dadurch, dass Sie
diese Übung machen,
ein Visualisierungs-
verfahren ein, auf
das wir später
noch einmal
zurückkommen
werden.

29

Mit der »Dankbarkeitseinstellung«!

Dankbarkeit ist ein starkes Gefühl, das uns, wenn wir es empfinden, auf der Skala der menschlichen Gefühle ganz nach oben befördert. Wenn wir jemanden wertschätzen oder ihm danken oder wenn wir für etwas dankbar sind, fühlen wir uns leichter, sind in einem Zustand der Zufriedenheit oder sogar der Glückseligkeit! Wir haben dann mehr Lust, zu lächeln oder zu singen.

Wir können für alles, was bereits Teil unseres Lebens ist, dankbar sein, für unsere Umgebung und sogar für den wunderbaren Menschen, der wir sind.

Tragen Sie drei »Dankeschöns« für die Vergangenheit und die Gegenwart hier ein:

1 ....

....

2 ....

....

3 ....

....

Und man kann sich auch für das bedanken, was noch geschehen wird ...

Tragen Sie drei »Dankeschöns« für die Zukunft hier ein:

1   . . . .

     . . . .

2   . . . .

     . . . .

3   . . . .

     . . . .

Möchten Sie die »Einstellung der Dankbarkeit«
entwickeln? Werden Sie kontemplativ! Staunen Sie mehr!

Öffnen Sie die Augen weit und betrachten Sie all die
Schönheit und den Reichtum dieser Welt. Erfüllen Sie
Ihren Geist mit positiven Bildern, die Ihnen zeigen,
inwieweit tatsächlich alles möglich ist. Lassen Sie
sich von diesem angenehmen Gefühl erfassen und sehen
Sie, wie sich Ihr Universum zum Besten verändert.

Wenn Ihnen danach ist, dann verabreden Sie sich jeden
Abend mit der Dankbarkeit: Bedanken Sie sich für drei
Momente Ihres Tages. Wie bei einem Gebet werden
Sie positiv und entspannt in Morpheus' Arme
sinken.

31

Man muss es sehen, um es zu glauben

Da das Gesetz der Anziehung besagt, dass es eher die mit unseren Gedanken einhergehenden Gefühle sind, die eine Wirkung erzeugen, liegt es in unserem ureigensten Interesse, so zu handeln, dass wir noch intensiver empfinden.

Was uns oft am meisten hilft, zu fühlen, ist das Sehen.

Interessant an uns Menschen ist, <u>dass wir in unserem Geist alles sein, tun und haben können.</u> Wir haben die Möglichkeit, die größten Filmemacher des Glücks und Erfolgs zu werden, indem wir die Bilder auswählen, die wir auf unsere innere Leinwand projizieren wollen.

Zudem haben Wissenschaftler gezeigt, dass zum Beispiel beim Visualisieren einer sportlichen Betätigung dieselben Gehirnzonen aktiv werden wie in einer realen Situation. Leistungssportler nutzen diese List, um sich auf ihre Wettkämpfe vorzubereiten.

Ein konkreter Beweis

Stellen Sie sich eine
schöne Zitrone vor,
gelb und reif. Vierteln Sie
sie und atmen Sie ihren
köstlichen Duft ein ...
Dann beißen Sie herzhaft
in ein Zitronenviertel.

Wahrscheinlich haben Sie den Eindruck,
dass Sie mehr Speichel produzieren.
Ihre Geschmacksknospen wurden gewissermaßen hereingelegt
und haben erfolgreich die
Wirkung der Zitrone in Ihrem
Mund nachgebildet, ohne dass die
Erfahrung tatsächlich stattfand.
In diesem Sinne könnte man sagen, dass
unser Gehirn leicht zu programmieren ist. Und wenn das schon
so ist, dann können wir es ebenso gut positiv konfigurieren!

Dadurch, dass Sie Bilder in Ihrem Bewusstsein kreieren
und sie hartnäckig dort halten, wird es Ihnen schließlich
gelingen, sie Ihrem Unterbewusstsein einzuprägen und
Wirklichkeit werden zu lassen.

33

Drei Programmierbeispiele

1. Aberglaube

Abergläubische Menschen meinen, bestimmte Taten hätten positive oder negative Konsequenzen. Sie stellen sich beispielsweise vor, dass eine Situation oder ein Objekt Unglück anzieht.

So warnen abergläubische Menschen uns beispielsweise davor, unter einer Leiter hindurchzugehen, freitags ein neues Kleidungsstück zu tragen oder einen Spiegel zu zerschlagen. In einer solchen Situation läuft ein überzeugter Abergläubischer leider Gefahr, zu beweisen, dass seine Überzeugungen wahr sind.

Nehmen Sie Buntstifte zur Hand und malen Sie diesen Satz frei nach Epiktet aus:

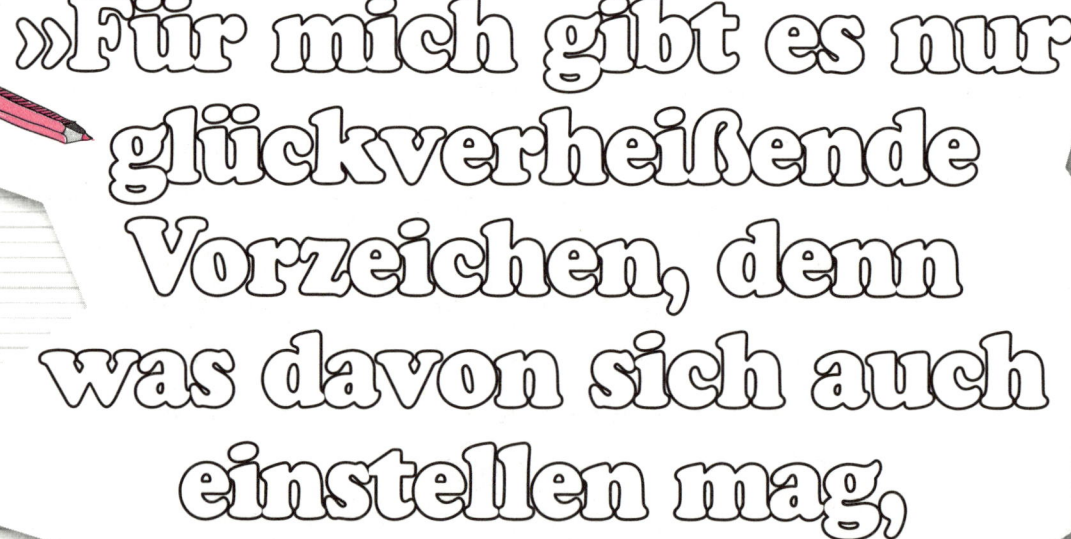

»Für mich gibt es nur glückverheißende Vorzeichen, denn was davon sich auch einstellen mag,

es liegt in meiner Macht, einen Vorteil daraus zu ziehen.«

2. Der Placeboeffekt (vom lateinischen »ich werde gefallen«) veranschaulicht ebenfalls den Einfluss des Denkens auf den Körper. Ein Patient, der ein »unechtes Medikament« erhält (zum Beispiel eine Zuckerpille), aber davon überzeugt ist, es sei eine Medizin, die ihm Linderung verschaffen oder ihn sogar heilen könne, wird wahrscheinlich feststellen, dass seine Prognose sich bewahrheitet. Man spricht dann von Autosuggestion.

Umgekehrt gibt es auch den **Noceboeffekt** (vom lateinischen »ich werde schaden«), der wiederum zu negativen Ergebnissen führen kann. Zum Beispiel haben einem Artikel des »Courrier International« zufolge Frauen, die meinen, sie hätten ein erhöhtes Herzstillstandsrisiko, ein viermal höheres Risiko, an einer Herz-Kreislauf-Krankheit zu sterben, als Frauen, die zwar denselben Risikofaktoren ausgesetzt sind, sich aber nicht **35** für gefährdet halten.[2]

2 Helen Pilcher: »Attention: se croire malade peut rendre malade«, Courrier International, 16. Juli 2009. Siehe auch den unterhaltsamen instruktiven englischen Vortrag von H. Pilcher unter: http://www.youtube.com/watch?v=wQ1QbnUjPE.

3. Glaube und Überzeugungen

In seiner »Encyclopédie du savoir relatif et absolu« erzählt Bernard Werber die Geschichte eines Seemanns, der sich versehentlich in einem Kühlcontainer auf einem Schiff eingesperrt hat. Auf der gesamten Strecke ritzt er den Bericht seiner schrecklichen Tortur in eine Wand. Er erzählt, wie seine Körperteile Stunde für Stunde, Tag für Tag durch die Kälte allmählich taub werden. Schließlich wird er, am Ziel angekommen, tatsächlich erfroren gefunden. Doch wie groß ist die Überraschung des Schiffskapitäns, als er feststellt, dass das Thermometer des Containers 20 Grad Celsius anzeigt! Das Kühlsystem war überhaupt nicht aktiviert worden. Der Mann ist also gestorben, weil er annahm, dass das Kühlsystem in Betrieb war, und sich vorstellte, ihm sei kalt.

Sehen Sie, wie machtvoll unsere Vorstellungskraft ist?

Lernen wir, sie effizient (und positiv!) zu nutzen und wir werden sehen, wie sich wahre Wunder ereignen!

Uns selbst wirksam programmieren

Ihre fünf Sinne in Aktion!

Je mehr Sie Ihre Sinne in die Erfahrung einbeziehen, umso frappierender wird die Visualisierung sein.

Wenn Sie zum Beispiel davon träumen, eine Reise ans Meer auf sich zu ziehen, dann projizieren Sie Bilder dieser Landschaft in Ihren Geist, atmen Sie den Geruch von Sand und Meer ein, spüren Sie, wie die sanfte Brise Ihre Haut streichelt und der warme Wind Ihre Zehen umweht ... Stellen Sie sich vor, dass Sie einen erfrischenden Cocktail schlürfen und sich ganz friedlich fühlen, während Sie sich im tropischen Klima entspannen ...

Tun Sie das Nötige, um sich zu überzeugen, dass Ihr Wunsch Realität wird.

Vermeiden Sie Formulierungen wie:
»Ich träume davon, zu ...«, »Ich wünsche mir, dass ...«, »Ich hoffe ...«

Seien Sie stattdessen so überzeugt, dass Sie lauthals beteuern können:

37

Satz zum Ausmalen

»Ich weiß, dass es passiert!«

Und wenn es wahr wäre?

Haben Sie schon einmal mit dem Gedanken gespielt, dass wir mehr hellseherische Fähigkeiten haben, als gemeinhin angenommen wird?

Wussten Sie, dass der lateinische Begriff für Wahrsagung, **divinatio**, eigentlich »Erforschung des göttlichen Willens« bedeutet? Was, wenn das Göttliche, das uns innewohnt, uns Botschaften übermittelt?

> »Niemals wird dir ein Wunsch gegeben,
> ohne dass dir auch die Kraft verliehen wurde,
> ihn zu verwirklichen.«
>
> Richard Bach

Vielleicht sind unsere Träume einfach Vorahnungen einer möglichen Zukunft?

Warum haben wir bestimmte Wünsche? Wir träumen nicht alle von denselben Dingen. Treten bestimmte Dinge ein, weil wir sie so »in Auftrag gegeben« haben, oder haben wir bestimmte Träume, weil wir wissen, dass genau das eintreten wird? Die zweite Option ist sehr verlockend, nicht wahr?

Brave kleine Heinzelmännchen ...

Führen wir die Überlegungen noch etwas weiter. Wenn unsere Wünsche existieren, weil sie Realität werden sollen, dann stellen Sie sich einmal vor, Sie hätten irgendwo im Universum ein Lager, wo all Ihre verwirklichten Träume aufbewahrt werden. Je nach Situation könnten wir in diesem Lager einen absolut vollkommenen Geliebten finden, ein Häuschen auf dem Land, eine befriedigende Arbeit etc.

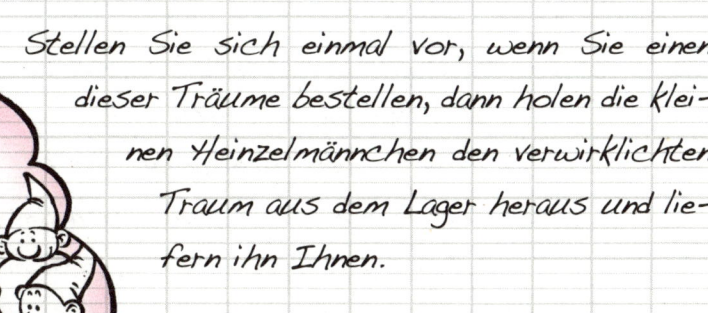

Stellen Sie sich einmal vor, wenn Sie einen dieser Träume bestellen, dann holen die kleinen Heinzelmännchen den verwirklichten Traum aus dem Lager heraus und liefern ihn Ihnen.

Aber bitte: Lassen Sie Ihre Heinzelmännchen nicht unnötige Hin- und Rückwege machen! Bitten Sie nicht um etwas, nur um sich hinterher eines anderen zu besinnen!

Stellen Sie sich vor, Sie suchen ein neues Haus und haben eine Liste erstellt, die alles enthält, was Sie sich für dieses neue Heim wünschen. Dann erzählen Sie eines Abends einem Freund, der zum Abendessen gekommen ist, von Ihrer Bitte bzw. »Bestellung«, die Sie an das Universum, an das Leben oder an das, woran Sie glauben, gerichtet haben.

39

Möglicherweise hat der Freund den Eindruck, Sie seien plötzlich verrückt geworden, und versucht, Sie davon zu überzeugen, dass Sie viel zu viel verlangen. Wenn er wieder gegangen ist, besteht die Gefahr, dass Sie sich Ihre Liste noch einmal vornehmen und einige Elemente streichen, um Ihre Bitte realistischer zu machen.

Und was geschieht dann?

Ihre kleinen Heinzelmännchen hatten wahrscheinlich die Lieferung schon in Gang gebracht. Sie waren mit dem Haus Ihrer Träume auf dem Weg, so wie es auf Ihrer ersten Liste beschrieben war. Doch nun sehen sie, dass Sie alles wieder umgeändert haben. Sie wollen aber nicht das Risiko eingehen, Sie zu enttäuschen, indem Sie Ihnen etwas bringen, das nicht auf Ihrer ursprünglichen Liste stand. Deswegen bringen Sie die Ware ins Lager zurück und hoffen, dass Sie schließlich das bestellen werden, was Ihnen zusteht!

Wie viele von Ihnen haben sich in dieser Allegorie wiedererkannt?
Geben wir es zu: Wir neigen dazu, uns so zu verhalten ... Wir formulieren Wünsche, doch schnell kommen uns Zweifel, sodass wir das, worum wir bitten, fortwährend ändern. Das ist ein bisschen verwirrend, wenn die Zeit der Auslieferung der Ware kommt, da werden Sie mir sicherlich zustimmen!

Sechs Tricks zum Testen Ihres Talents, innere Filme zu produzieren

Die Techniken des kreativen Visualisierens helfen Ihnen, Sie auf Glück und Erfolg zu programmieren. Es genügt, die Methode auszuwählen, an der Sie Freude haben, und sie auszuprobieren.

Trick 1

Die Wahrsagerin

Waren Sie schon einmal bei einem Medium, einer Kartenlegerin oder einem anderen »Hellseher«? Manche fürchten sich dabei vor schlechten Nachrichten. Das ist verständlich, denn bekanntlich gibt es auch beim Wahrsagen, wie in jedem Bereich, Begabte und weniger Begabte ...

Sie haben ganz recht, wenn Sie das, was eine solche Person Ihnen sagen könnte, mit Vorsicht genießen, denn falls Sie beschließen, es zu glauben, setzen Sie einen Programmierungsprozess in Gang, der diese Vorhersagen in Ihrem Leben wahr machen könnte.

Geben wir dennoch zu, dass wir insgeheim davon träumen, uns schöne Dinge voraussagen zu lassen! Warum sich also nicht in eine »Wahrsagerin« verwandeln und sich angenehme Prophezeiungen ausdenken?

Die Traumtafel

Nachdem Sie herausgefunden haben, welche Träume Sie gerne realisieren würden, machen Sie sich auf die Suche nach Bildern, die sie veranschaulichen. Sie können Bilder aus dem Internet drucken, Fotos aus Zeitschriften ausschneiden etc.

Worauf es ankommt, ist, dass Sie Bilder benutzen, die extrem positiv auf Sie wirken.

Auf einer großen Pappe oder einer Pinnwand präsentieren Sie diese Bilder anschließend nebeneinander und kreieren so Ihre Traumtafel. Sie können entweder eine Tafel erstellen, die mehrere Ihrer Träume darstellt (Liebesleben, Arbeit, Geld, Gesundheit, materielle Objekte etc.), oder aber Sie fertigen eine Tafel an, die nur einem bestimmten Traum gewidmet ist.

Wollen Sie beispielsweise in ein neues Haus ziehen, können Sie eine Wand anfertigen, auf der nur die Bilder zu sehen sind, die das Haus Ihrer Träume repräsentieren: die verschiedenen Zimmer, das Gelände etc. Hängen Sie diese Tafel anschließend an einem Ort auf, wo Sie sie so oft wie möglich sehen. Nehmen Sie sich täglich einige Minuten Zeit, um die Bilder zu betrachten. So prägen Sie sie sich geistig ein ...

Seien Sie nicht überrascht, wenn Ihnen geniale Ideen in den Sinn kommen. Die Tafel wird Sie inspirieren und Ihr Geist wird versuchen, Wege zu finden, das auf Sie zu ziehen, was sich darauf befindet. Ganz wichtig ist, dass Sie auf Ihre innere Stimme hören und ihren Vorschlägen entsprechend handeln.

Brief an einen Freund

Dementsprechend könnten Sie auch einen Brief an einen Freund schreiben, in dem Sie ihm mitteilen, dass Ihr Traum wahr geworden ist. Nutzen Sie den Brief als Gelegenheit, zu erklären, warum es Ihnen so wichtig war, den Traum zu verwirklichen. Legen Sie Gefühle hinein. Sagen Sie, wie stolz und glücklich Sie sind, dass Sie es endlich so weit gebracht haben.

..............., den ....

Liebe(r) ....

....

....

....

....

....

....

....

....

....

Dein(e)

43

Der Soundtrack Ihres Lebensfilms

Haben Sie bemerkt, dass die Musik zur Untermalung eines Films eine ganze Palette an Emotionen in uns auslösen kann? Manche Stücke versetzen uns in Alarmbereitschaft, während andere, leichtere, uns ein Lächeln auf die Lippen zaubern. Dementsprechend können auch wir verschiedene Rhythmen einsetzen, um Filmsequenzen zu untermalen, je nach den Gefühlen, die wir hervorrufen wollen.

Nutzen Sie diese musikalische Taktik für Ihren Visualisierungsprozess und Sie werden Ihre Ergebnisse verstärken.

Beispiele ...

Für einen Traum, der sich um Liebe dreht, wählen Sie einen Song wie

- *Liebestraum* von Franz Liszt
- *Pour que tu m'aimes encore* von Céline Dion
  oder etwas gewagter
    - *Sexual healing* von Marvin Gaye

Für den Traum, dass Sie über sich selbst hinauswachsen, oder um Ihr Selbstbewusstsein zu steigern, nehmen Sie etwas wie

- *I am what I am* von Gloria Gaynor
- *Simply the best* von Tina Turner

Oder setzen Sie für noch mehr »Kraft« die Musik des Films Rocky ein!

Ist Ihnen das Prinzip klar?
Suchen Sie Musikstücke aus, die Sie ansprechen, und hören Sie sie so oft wie möglich in voller Lautstärke!

Beweis-Tagebuch

Von dem Moment an, in dem Sie Ihren Wunsch identifiziert, definiert und gespürt haben, wird Ihnen das Leben beweisen, wie gut vorstellbar es ist, dass er Wirklichkeit wird. Allerdings: Ihre Reaktionen auf diese Vielzahl an Beweisen können Ihnen helfen oder auch scha- den ... Letzteres dann, wenn Sie sehen, wie andere das erhalten, was Sie selbst gerne hätten, und dann Neid und Eifersucht auf diese Personen in Ihnen aufkommen – denn dadurch verhindern Sie, dass es auch in Ihrem Leben in Erscheinung tritt. Wenn es Ihnen dagegen gelingt, sich wirklich für die Dinge zu freuen, die andere verwirklichen, dann aktivieren Sie den Prozess des Kreierens.

Legen Sie sich ein hübsches Heft zu, in das Sie alle Indizien dafür eintragen, die Ihnen beweisen, dass die Verwirklichung Ihres Traumes möglich ist.

Die Macht des Feierns

Amüsieren Sie sich damit, Ihre kommenden Erfolge schon jetzt zu feiern. Holen Sie Ihr schönstes Geschirr heraus und lassen Sie den Champagner fließen; genießen Sie so im Voraus Ihre triumphalen Ergebnisse. Das hilft Ihnen, die positiven Gefühle, die mit dem Wahrwerden Ihrer Wünsche einhergehen, besser zu spüren. Und wenn ein paar Ihrer Freunde denselben Prozess durchlaufen, dann laden Sie sie doch einfach ein, damit sie an dieser feudalen **»Feier der Anziehung«** teilhaben können!

45

Ein besonders günstiger Zustand ...

Forschungen haben gezeigt, dass der erste Zustand der Meditation, in dem sich die Alphawellenaktivität im Gehirn erhöht, der Anziehung sehr förderlich ist.

Sie erreichen diesen Zustand in der Meditation, aber auch, wenn Sie bewusst atmen. Es ist der Zustand, in dem Sie sich ganz natürlich morgens beim Aufwachen und kurz vor dem Einschlafen abends befinden. Auch beim Fahren oder Ausüben einer körperlichen Aktivität können Sie in diesen Zustand gelangen.

Um in puncto Glück nichts mehr dem Zufall zu überlassen, ist es eine ausgezeichnete Idee, Ihre Träume in diesem Zustand zu visualisieren.

Und wenn es Ihnen gelingt, beim Ausüben einer solchen Aktivität eine Gänsehaut zu bekommen, dann sollten Sie wissen, dass Ihnen eine Gnade zuteilwurde, und das ist ein hervorragendes Vorzeichen.

Drei Tricks, um Zweifel einzudämmen

Ist es Ihnen schon einmal passiert, dass Sie etwas wirklich wollten, nur um dann festzustellen, dass die Intensität Ihres Wunsches anschließend nachließ?

Wir werden von unserem Umfeld beeinflusst, aber auch von unserer fehlenden Überzeugung. Manchmal könnte man meinen, in unserem Inneren sei ein Selbstsaboteur am Werk, der es sich zur Aufgabe gemacht hat, uns tausendundeinen Grund aufzuzeigen, der dagegen spricht, dass unser Traum wahr wird.

Ein einflussreicher Geschäftsmann aus Quebec vertraute mir in einem Gespräch einmal an, das Geheimnis seines immensen Erfolgs läge darin, dass er nie auch nur den geringsten Zweifel in seinem Kopf aufkommen ließe, selbst auf die Gefahr hin, dass man ihn für verrückt hielte.

Wie fangen wir es also an, diese heimtückischen Zweifel einzudämmen?

Hier einige Kniffe.

Trick 1

Benutzen Sie Schlüsselwörter zum Umschwenken.

Sobald Ihnen ein negativer Gedanke in den Sinn kommt oder ein Zweifel sich einschleichen will, sagen Sie:

»Ich erkläre ihn für null und nichtig und streiche ihn!«

Dieser Trick mag Ihnen vielleicht zu einfach erscheinen, doch er kann sehr wirksam sein. Vor allem hilft er Ihnen, Ihren Gedanken gegenüber wachsamer zu sein. Wenn Sie sich die Zeit nehmen zu sagen: »Ich erkläre ihn für null und nichtig und streiche ihn«, ist es, als würden Sie auf den Pausenknopf drücken und Ihren Kurs noch einmal revidieren. Sie nehmen sich selbst also bewusster und aufmerksamer wahr.

Wiederholen Sie ein Mantra.

Sobald Ihnen ein negativer Gedanke in den Sinn kommt oder ein Zweifel sich einschleichen will, wiederholen Sie mehrmals das Mantra von Émile Coué (dem Vater der Autosuggestion). Es lautet so:

Von Tag zu Tag geht es mir in jeder Hinsicht immer besser!

(Malen Sie den Satz aus, um ihn sich einzuprägen.)

Pscht! Das ist ein Geheimnis.

Der beste Trick, sich nicht von den Menschen seiner Umgebung beeinflussen zu lassen, dürfte darin bestehen, ...

»ihnen nichts zu sagen!«

So bewahren Sie sich Ihre Wünsche in ihrer ganzen Kraft und laufen nicht Gefahr, sie durch entmutigende Äußerungen anderer Menschen zu schwächen.

Positive Verstärkung

> »Man zieht nicht das an, was man will.
> Man zieht das an, was man ist.«

Selbstvertrauen wird sich auf Ihrem Weg der Anziehung als wertvoller Pluspunkt erweisen.

Um es zu steigern, nehmen Sie sich einen Moment Zeit und rufen Sie sich alle tollen Eigenschaften ins Gedächtnis, die Sie ausmachen.

Kreuzen Sie in der folgenden Liste die Charakteristika an,
die Sie am besten beschreiben!

- ☐ aktiv
- ☐ altruistisch
- ☐ amüsant
- ☐ aufrichtig
- ☐ ausgeglichen
- ☐ authentisch
- ☐ barmherzig
- ☐ beharrlich
- ☐ beobachtend
- ☐ brillant
- ☐ charmant
- ☐ dankbar
- ☐ diszipliniert
- ☐ draufgängerisch
- ☐ dynamisch
- ☐ effizient
- ☐ ehrgeizig
- ☐ ehrlich
- ☐ eifrig
- ☐ einigend
- ☐ energisch
- ☐ engagiert
- ☐ entgegenkommend
- ☐ enthusiastisch
- ☐ entschlossen
- ☐ erfahren
- ☐ erfinderisch
- ☐ friedliebend
- ☐ fröhlich

- ☐ geduldig
- ☐ genau
- ☐ geschickt
- ☐ gewieft
- ☐ gläubig
- ☐ großzügig
- ☐ gut
- ☐ heiter
- ☐ hilfsbereit
- ☐ hingebungsvoll
- ☐ integer
- ☐ intelligent
- ☐ intuitiv
- ☐ klug
- ☐ kreativ
- ☐ kühn
- ☐ leidenschaft-
  lich
- ☐ liebenswert
- ☐ loyal
- ☐ lustig
- ☐ methodisch
- ☐ mitfühlend
- ☐ mutig
- ☐ natürlich
- ☐ offen
- ☐ optimistisch
- ☐ ordentlich
- ☐ realistisch

- ☐ redlich
- ☐ respektvoll
- ☐ ruhig
- ☐ scharfsinnig
- ☐ schlau
- ☐ schützend
- ☐ spontan
- ☐ stolz
- ☐ sympathisch
- ☐ talentiert
- ☐ tapfer
- ☐ tolerant
- ☐ treu
- ☐ umgänglich
- ☐ unabhängig
- ☐ unterstützend
- ☐ verantwortungs-
  bewusst
- ☐ verständnisvoll
- ☐ vielseitig
- ☐ warmherzig
- ☐ weitblickend
- ☐ zuverlässig
- ☐ zuvorkommend

Falls nötig, fügen Sie Eigenschaften hinzu, die Sie
charakterisieren, aber nicht auf der Liste stehen -
vorausgesetzt, diese Eigenschaften sind POSITIV!

Lebensbilanz

ICH BIN ZUFRIEDEN MIT DIR

DANKE!

Um Ihnen zu helfen, der Waagschale des Positiven noch mehr Gewicht zu geben, nutzen Sie dieses kleine Übungsheft und ziehen Sie Bilanz aus all dem, was Sie bis heute geschafft haben.

Sie sind durch so manche Schwierigkeiten hindurchgegangen, haben aber sicherlich auch Schönes im Leben auf sich gezogen. Machen Sie sich das bewusst, um Ihr Vertrauen zu stärken.

Was ich bis heute geleistet habe
(ich schreibe kleine und große Dinge auf,
die ich geschafft habe):

- ....
....
....

- ....
....

- ....

Wow! Ich bin stolz auf mich!

Inspirierende Vorbilder

Beim Neurolinguistischen Programmieren (NLP) wird das Konzept des sogenannten Modellierens gelehrt. Man beobachtet dabei Verhaltensweisen, die zum Erfolg führen, und studiert die Voraussetzungen, die diesen Erfolg hervorrufen – all das mit dem Ziel, sie nachzuahmen.

Auf Ihre Strategie, Träume zu verwirklichen und nach Glück zu streben, angewandt, sollten Sie Menschen finden, die für Sie positive Vorbilder sind. Konkret geht es darum, jemanden zu finden, der bereits vollbracht hat, was Sie realisieren wollen.

Wenn Sie Kontakt zu diesem Menschen haben, stellen Sie ihm ruhig Fragen über seinen Werdegang. Wenn nicht, versuchen Sie, so viele Informationen wie möglich über ihn zu sammeln, und denken Sie oft an ihn.
Wagen Sie es, sich vorzustellen, Sie seien diese Person. Imitieren Sie sie. Übernehmen Sie ihre Verhaltensweisen und ihre Strategien.

Versetzen Sie sich wieder in Ihre Kindheit zurück und rufen Sie sich in Erinnerung, wie leicht es damals für Sie war, die Erwachsenen nachzuahmen. Sie konnten stundenlang »Verkleiden« spielen und als »Dame« oder »Herr« herumstolzieren.

51

Machen Sie diese Erfahrung spaßeshalber noch einmal und integrieren Sie dabei dieses Spiel in Ihr Leben als ernsthaft gewordene(r) Erwachsene(r).

Repertoire der Hoffnung

Als Inspiration für Sie und um Ihnen zu beweisen, wie leicht wir sehen können, wie unsere Träume Form annehmen, gewöhnen Sie sich an, positive Geschichten zu sammeln. Je mehr Sie Ihren Kopf mit solchen Erfolgsgeschichten füllen, desto weniger Zweifel schalten sich ein.

Hier ein paar Beispiele:

Journalistische Begegnung

Eine junge Frau träumte davon, einen Partner anzuziehen. Sie hatte eine Liste der Kriterien erstellt, die ihr Märchenprinz erfüllen sollte, und sogar das Foto eines Mannes, dessen Erscheinung dem, was sie suchte, entsprach, aus der Lokalzeitung ausgeschnitten.

Zu ihrer nicht geringen Überraschung sah sie wenige Wochen darauf, wie er in das Unternehmen kam, in dem sie arbeitete – er war gerade dort eingestellt worden.

Und wie um diese herrliche Anziehung zu besiegeln, ließen sie sich auch noch am selben Tag vom selben Händler Blumen liefern. Sie lebten die folgenden Jahre glücklich als Paar!

Göttliche Umwege oder
die Theorie des »Alles ist perfekt« ...

Eine Frau hatte die – wie ihr schien – perfekte Wohnung ausfindig gemacht. Sie war begeistert angesichts der Vorstellung, dass sie bald dort wohnen würde. Sie bereitete sich auf ihren Einzug vor, indem sie sie in ihrer Fantasie einrichtete und sich ausmalte, wie sie dort friedlich leben würde.

Doch kurz nach Unterzeichnung des Mietvertrags rief der Eigentümer sie an, um ihr ein Problem mitzuteilen ...

Er hatte soeben den Kauf seines Traumhauses rückgängig gemacht, das er gerade erst erstanden hatte; dort waren verborgene Mängel zum Vorschein gekommen. Da er keinen anderen Ort zum Wohnen gefunden hatte, bot er der zukünftigen Mieterin an, eine andere Wohnung in derselben Wohnanlage zu besichtigen, um zu sehen, ob diese ihr vielleicht ebenso zusagte. So könnte er in seinem Heim bleiben, bis er ein neues Haus gefunden hätte.

Schrecklich enttäuscht akzeptierte die Frau es, guten Willen zu zeigen und einen Blick auf die andere Wohnung zu werfen. Sprachlos fand sie heraus, dass diese ihren Bedürfnissen noch besser entsprach. Die Miete war zwar eigentlich höher, doch der Eigentümer akzeptierte, sie ihr zum selben Preis wie die vorhergehende Wohnung zu überlassen, um die Situation so einfach wie möglich zu regeln.

Mitunter trügt der äußere Schein und es kommt vor, dass das Leben schöne Überraschungen für uns bereithält. Darum ist es wesentlich, dass wir Optimismus entwickeln, uns bemühen, das Gute an den Dingen zu sehen, und stets daran denken:

Alles ist perfekt!

Ziehen Sie Ihr Anziehungsbarometer zurate

Greifen Sie regelmäßig auf Ihr Anziehungsbarometer zurück, um zu erfahren, ob Sie im Anziehungs- oder Abstoßungsmodus sind.

Um dieses Messinstrument zu aktivieren, müssen Sie sich folgende Frage stellen:

Wie fühle ich mich?

Wenn es Ihnen gut geht, Sie sich fröhlich, leicht und zuversichtlich fühlen und positiv gestimmt sind, dann befinden Sie sich im Anziehungsmodus.

Wenn Sie sich dagegen müde, reizbar, ungeduldig, entmutigt oder geschwächt fühlen, dann sind Sie eher im Abstoßungsmodus.

Helfen Sie sich selbst dabei, sich
so oft wie möglich gut zu fühlen:
Sorgen Sie dafür, dass Ihre Ge-
danken positiv und anregend sind.
Gönnen Sie sich kleine Freuden im
Alltag und tun Sie das, was nötig
ist, damit Sie Liebe, Dankbarkeit und
Freude empfinden.

Oft hat körperliche Bewegung einen schnellen wohltuenden
Effekt. Finden Sie hier heraus, welche Sportart Ihnen am
meisten liegt:

Seien Sie bereit, die Ernte einzufahren!

Man erntet, was man sät!

Ebenso wie ein Gärtner, der Möhren aussät, mit Sicherheit Möhren ernten wird (und keinen Kopfsalat), werden auch Sie das ernten, was Sie ausgesät haben. Und so wie der Gärtner seinen Garten bearbeitet, während er auf die Ernte wartet, sollten auch Sie Ihren Garten pflegen. Sorgen Sie dafür, dass Sie sich von allem befreien, was Sie behindert (jäten Sie das Unkraut des Lebens!), und dass Sie sich Gutes tun.

Bereiten Sie außerdem sofort Ihre Arbeitsgeräte vor …
Erstellen Sie eine Liste der Dinge, die Ihnen guttun:

-
....

-
....

-
....

Von dem Augenblick an, in dem Sie einen Wunsch in Ihrem Geist zum Ausdruck bringen, wirkt das ganze Universum darauf hin, ihn zu verwirklichen. Ihre einzige Verantwortung in dieser Etappe besteht darin, es **ZUZULASSEN**.

Zulassen bedeutet, dass Sie sich von der Vorstellung lösen, wie die Anziehung ablaufen soll. Sie wissen genau, was Sie wollen, aber nicht, wie es **umgesetzt** wird.

Wichtig ist, dass Sie in Bezug auf das Was, auf das, was Sie sich wünschen, stets fest und zuversichtlich bleiben. Sehen Sie es vor Ihrem geistigen Auge, spüren Sie es. Darin liegt Ihre gesamte Verantwortung. Um den Rest kümmert sich das Leben!

Denken Sie an all das, was Sie bis heute schon verwirklicht haben. Ist es exakt so gekommen, wie Sie es vorhergesehen haben? Selten, nicht wahr? Das Leben hat mehr als einen Trick auf Lager (nanu – sollte es ein Zauberer sein?). Die Welt der Möglichkeiten ist grenzenlos – Möglichkeiten, die wir uns nicht vorstellen können! Darum müssen wir in Bezug auf den Ablauf und die Art und Weise, wie das, was uns am Herzen liegt, verwirklicht wird, loslassen.

Bleiben wir doch lieber im gegenwärtigen Moment, mit dem klaren Bild dessen, was wir wollen; und seien wir dann aufmerksam, um entsprechend unserer Intuition inspiriert handeln zu können. Die Ergebnisse werden Sie überraschen!

Vertrag mit mir selbst

Damit Sie den Stoff dieses kleinen Übungshefts gut verinnerlichen und sich auf den Weg des Glücks und Erfolgs begeben können, verpflichten Sie sich mit folgendem Vertrag:

VERTRAG MIT MIR

1. Ich nehme mir vor, das, was mir nach der Lektüre als besonders wichtig im Sinn geblieben ist, zu beachten.

----

2. Ich werde dafür sorgen, dass mein größter Traum Realität wird?

----

3. Ich verpflichte mich, eine erste ganz einfache, leichte Handlung auszuführen, um diesen Traum zu realisieren?

----

4. Als Belohnung für diese erste bedeutsame Handlung werde ich mir folgendes Vergnügen gönnen:

Ich verpflichte mich, die erste Etappe,
die zur Verwirklichung meines Ziels nötig ist,
in den nächsten 30 Tagen zu vollenden.

Unterschrift: _____ Datum: _____

»Was immer du tun kannst oder erträumst zu können,
beginne es. Kühnheit besitzt Genie, Macht
und magische Kraft. Beginne es jetzt.«

Goethe

Bringen Sie es unter die Leute!

Kennen Sie das beste Mittel, zu verinnerlichen, was Sie gerade gelernt haben? - Mit jemand anderem darüber sprechen!

Haben Sie keine Hemmungen, den Inhalt des kleinen Übungshefts zu testen, und reden Sie darüber mit anderen. Alles im Leben ist Bewegung. Nichts stagniert. Also tragen Sie Ihren Teil dazu bei und schließen Sie sich dem Tanz an. Folgen Sie dem Rhythmus von Glück und Erfolg, indem Sie ständig das, was Sie gelernt oder erfahren haben, weitergeben. Ihre Macht wird dadurch vervielfacht.

Sie haben die Wahl!

Alles ist stets eine Frage der Entscheidung!

Sie haben die Wahl, das Leben Ihrer Träume zu leben, oder ...
- zu akzeptieren, was ist, und anzunehmen, dass Sie nicht mehr erreichen können ...
- in der Vergangenheit zu leben und alles, was nicht gut gelaufen ist, zu bedauern und ständig wiederzukäuen ...
- zu denken, Sie verdienten das Gute nicht, das Ihnen das Leben bieten kann ...
- sich mit wenig zufriedenzugeben ...

Oder Sie können ...

- glauben, dass Sie über mehr Macht verfügen, als Sie es sich träumen lassen!
- Ihre Talente und Fähigkeiten entwickeln und Ihr Leben in die Hand nehmen!
- die großartigen Vorteile eines bewussten, in jeder Hinsicht nährenden und unbedingt erfüllten, reichen Lebens ernten.

Wofür entscheiden Sie sich?

Die Zukunft liegt in Ihren Händen!

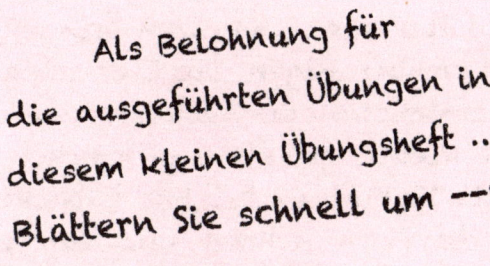

Als Belohnung für die ausgeführten Übungen in diesem kleinen Übungsheft ... Blättern Sie schnell um -->

Rezept für fantastische kleine Schokoladenkuchen

(für 4 kleine Kuchen)

Zutaten

- 3 ganze Eier
  + 2 Eigelb
- 120 g Butter
- 115 g zerbröckelte
  Zartbitterschokolade
- 45 g Zucker
- 85 g Mehl

Zubereitung

Die Butter zum Schmelzen bringen, Schokolade und Zucker hinzufügen. Die Eier schlagen; Mehl und die Butter-Schokolade-Zucker-Masse unterheben. Die Mischung in 4 kleine, gebutterte Förmchen füllen.
10 bis 12 Minuten bei 190 °C backen.
Aus der Form nehmen und auf Tellern servieren; mit Puderzucker bestäuben. Wenn Sie Lust dazu haben, ein Fruchtcoulis nach Ihrem Geschmack und eine Kirsche als Dekoration hinzufügen.

*Schön, gut und hinreißend,
wie auch das Leben sein kann!*

*Danke Liliane Lacroix,
Glücks- und Schokoladenkuchenfee!*

*Mögen Glück und Erfolg
stets mit Ihnen sein!*

Kleine Glücks- und Erfolgsbibliothek

Auclair, Marcelle: *Kleine Schule des Glücks.* Schwabenverlag: Ostfildern 1960.

Bogdanov, Slavica: *Das Gesetz der Anziehung (= Das kleine Übungsheft).* Trinity: München 2014.

Byrne, Rhonda: *The Secret. Das Praxisbuch für jeden Tag.* Arkana: München 2014.

Canfield, Jack/Watkins, D. D.: *Jack Canfields Schlüssel zum Gesetz der Anziehung. So machen Sie Ihre Lebensträume wahr.* VAK Verlag: Kirchzarten [5]2013.

Gounelle, Laurent: *Der Mann, der glücklich sein wollte. Unterwegs auf der Reise zu sich selbst.* Goldmann: München 2009.

Hill, Napoleon: *Denke nach und werde reich. Die Erfolgsgesetze.* Ariston: München 2005.

Vitale, Joe: *Der Schlüssel. Drehen Sie den Schlüssel und öffnen Sie dem Erfolg die Tür.* Börsenmedien: Kulmbach 2008.

63

DAS KLEINE
ÜBUNGSHEFT

Willkommen in der
Bibliothek der guten Gefühle

**Entdecken Sie viele weitere Themen
aus der charmanten Bestseller-Reihe.**

Abonnieren Sie unseren Newsletter und erhalten
Sie die aktuellsten Informationen aus den Bereichen
Lebenskunst, persönliche Entwicklung, Erfolg
und Sexualität.

Einmal pro Woche stellen wir Ihnen eines der **kleinen
Übungshefte** mit einer Übung der Woche genauer vor.

Alle Hefte können Sie – innerhalb Deutschlands
versandkostenfrei – direkt auf der Website bestellen.

www.die-kleinen-uebungshefte.de

TRINITY